Park Sin-jee

시인 박신지

미필적 고의의 봄날은 간다

박신지 시집

미필적 고의의 봄날은 간다

시학
Poetics

■ 자서

더 이상 시를 쓸 수 없을 것 같다
내가 이제까지 쓴 시는 다 거짓말이었다
이제부터 참시를 쓴다는 보장은 더욱 없다
그런 시를 썼으니 성소에라도 숨어들어 가
깊고 긴 고해 올리고 싶다

불립문자不立文字라 했던가
한마디 말이 어찌 마음을 다할 수 있겠는가
다다를 수 없는 곳에 있는 말을 찾아 몸부림을 쳤고
묵묵부답의 시간을 삭이며 말을 벗어나려고 할 뿐이다

그가 없는 광대무변에서
갈 곳 몰라 헤매고 있다

2010년
박신지

차 례

제1부 미필적 고의의 봄날은 가고

제2부 당신이 먼 길 떠나갈 때

제3부 겨울 숲에 서서

제4부 보이지 않는 산

제5부 애기똥풀 꽃향기에 놀다

제1부

미필적 고의의 봄날은 가고

오세암 가는 길

오뉴월 뱀 꼬리 감추듯 길은
후미지고 자꾸 숨어 버린다

헛거물이 아물거리고
애기똥풀 노랗게 피고지고

천 번을 가도 가도 없는 길
엄동설한 눈길 속에 길이 묻혀

배곯은 아기 울다가 울다가
부처 손 같은 봄볕에야 다시 내놓을는지

네 길은!

석양, 마무리

어제는 백담 흐르는 물에
때 묻은 손발 씻고 또 씻더니

오늘은 수렴동 넘치는 폭포에
등허리 번진 땀띠 눈물을 닦고 또 닦는다

간밤에는 구곡담계곡에서 여름 때 문질러 미역을 감고
오늘 새벽은 천불동 맑은 물에 가을 먼지를 털어 헹군다

흙벽을 짊어지고 앉아 있어도 도반은
봉정암 절 마당 능소화 꽃향기에 물들어 있고

나는 백팔 배, 열 곱도 서른 곱도
무릎 꿇고 허리 굽히나니

마등령 억새풀로 무거운 겨울 짐 들쳐 업고
허위허위 등 굽은 재 하나 넘어간다

미필적 고의의 봄날은 가고

이 봄 내내 누구 하나 미워하며 살고 있다
눈뜨는 새벽, 달 밝은 밤, 미움이 안개로 피어오르고
사랑할 때의 열정처럼, 열화같이 미움도 끓어오른다
그러나 난 요즘 생기발랄하다, 미운 마음을 즐기기라도 하듯
손톱을 장미 가시처럼 날카롭게 세우고

죄 없는 사람을 미워하면 더 죄가 된다는데
청개구리가, 아니 황소개구리가 된 놈
두꺼비같이 징그러워, 준 것 없이도 미운 그놈,
원수 갚겠다는 것도 아닌데 입술 깨물고 이를 바드득 간다

사랑을 사랑하고 미움은 미워하라고들 하지만
미운 마음, 이리 굴리고 저리 뒤집고, 지지고 볶고 휘저어 놓고
슬슬 독기를 말리면서, 마른 북어같이 가슬가슬 바스러질 때까지

악몽 속에서 마침내 미필적 고의의 살해를 기도한다

(박애주의자의 사랑과 용서는 차제에 부재함)

속죄와 참회는 불보살의 사리 속에서나 찾아보시기를
삶의 의욕보다 더 힘차게 솟구치는 증오심
미움도 생기 팔팔할 때 할 수 있는 삶의 도락이 아닐런가!

바퀴 달린 의자 · 1

바퀴를 돌리면
작은 길 큰길 다 말려 돌아간다

바퀴가 굴러가면
땅도 허공도 지구도 함께 굴러간다

사람이 만든 도르래와 바퀴가 굴리는 세상,
불원천리 구름길처럼 뚫어 놓는다

동쪽에서 서쪽으로
남극에서 북극으로
아직도 남아 있을 내가 몰라 서러운
갈 수 없는 나라
그곳에 가 닿고 싶다

억만년의 빙하가 폭포로 떨어지는 저 머나먼
극지의 바다, 니르바나 맑은 바다까지
노르웨이 어느 피오르 물가에 앉아

솔베이지송에 젖어 들고 싶다

— 여름은 가고 가을이 오면 겨울이 지나고
봄은 간다 아! 봄은 가고 말아 —

바람의 수레바퀴 굴리며 다시는 가 볼 수 없을
그리그의 오두막에 앉아
아픈 관절 마디마디 풀어 놓고 목 놓아 불러 보고 싶다

전야前夜

— 아들 재홍 결혼에 부쳐

무정한 바람이라 하겠는가
밤 내내 잠 못 재우고 불던 바람
잠 설친 새벽녘 버즘나무 우듬지에 대롱대는
저 모진 목숨의 심줄을 떨치지 못하고
된서리에 저리고 고드러져 몸 떨고 있다

죽어라고 떨구지 못하는 마지막 잎새 하나
야무지게 물고 늘어지는 젖꼭지에
야들야들한 혀끝, 야무진 젖니로
달곰한 수유기를 놓치지 못하여 이제
모질게 밀쳐 내야 하는 한 아름의 볼기짝
사정없이 후려친다, 아프게

네 입술에 묻은 젖물은 소태맛으로 남아
한 사흘은 눈물로 칭얼칭얼 보채다가
피멍 든 젖몸살로 늦가을을 풀어낸다

젊은 시인이 하는 연애

연애를 열애 중인 한 젊은 시인이
연애에 바친 시간 때문에 사전 쓰기 요원하다니
부럽다

'열병이라든가 집착이라든가 실연이라든가 낙태라는 말'이
들어 있지 않는 사전 쓰다니, 그런 사전 써서 뭣하리
연애 없는 사전 누가 읽으리

마약 같은 연애,
피범벅이 된 연애
땀과 오물을 뒤집어쓴 연애
빙하에 옷 벗어 버리고 하얀 알몸으로 깨어나는 연애
그런 연애를 한다면 수도사를 위한 책 따위 한 장도
쓰지 않아도 부럽다

몽상가의 섹스는 철들어 버리고
산을 넘어가지 못하는 오르가슴의

카오스의 바다는 너무 푸르다

연애에 바친 시간 때문에
수도사를 위한 책 쓰기 요원하여
쓸쓸해하는 그대
열 번도 곱으로 쓸쓸한 연애, 더 하기 바라노니

흔적

어젯밤 비바람 휘몰아치더니
새벽 숲 떡갈나무 시퍼런 생목 꺾이고
멍든 허물 어지러이 발길에 차인다

제 꿈 잠재우지 못해 지친 숨소리
떠나야 할 궁리 몰래 키우는
네 푸른 모반 어찌 모를 리가

바람 한 점 없어도 꿀밤은 자꾸 떨어지고
잽싸게 아낙네 몇이 희뿌연 새벽을 쓸고 간다
도토리묵 맛도 목울대 넘기지 못해
먼저 목젖이 아리다

산짐승 지나갈 길 위에 남겨 놓은 겨울나기
너무 알뜰하게 앗아 가지 마라
거친 빈자리에 손톱이 닳도록 긁어 댈 안타까움
허공 펼쳐 놓은 빈숲에 갈바람 몇 개 매다는 일이다

흔들의자에 앉아

흔들의자 하나 샀다
집에 돌아와 그 흔들의자에 앉으면
흔들흔들 세상이 흔들거렸다

스미소니언 항공박물관에서 본
우주선 캡슐 속에 앉은 가가린을 생각한다
좁은 공간 속에 몸을 끼워 맞추고
종횡무진 우주 밖으로 나는 그의 꿈을 꾸었다

흔들리며 생각하고
흔들리며 고뇌하고
흔들리며 흔들리는 꿈을 꾸었다

수많은 도요새 속에서 너는
어떻게 외로운 죽지를 폈을까
바람과 파도에 지친 등허리 기대고
포근히 보듬어 안아 주는 시간
아득한 엄마의 요람이 흔들흔들 흔들리고 있다

산의 띳집을 짓고

춘양목 베어 기둥을 세우겠네
굴참나무로 울타리를 치고
여름 내내 물푸레나무로 그늘을 드리우리

양지바른 쪽으로 겨울 툇마루를 내고
미닫이 국화 무늬 창호지를 바르고
모닥불 햇살 쏟아지게 하리

가끔 비구름 지나고 산물 맑아지면
바람에 몸을 씻고 마음도 헹구어
별초롱 켜 놓고 밤엔 시를 쓰겠네

아득히 정든 얼굴 다 잊어버리리
이따금 산짐승이 꼬리 감추고 달아나면
홀로 달빛처럼 숨죽이고 있겠네

간간이 숨어 들어온 산바람에 몸 내주고
이슬에 젖고 서리 맞으며 산 나무처럼
짐승처럼 살아가면 어떠리

우리 시대의 모모

칠십년대였던가
'자기 앞의 생'*에서 모모를 만난 것은

가난과 고아, 창녀와 모성애가 얽힌, 한 장의 흑색 필름이 돌아가는 파리의 뒷골목 빈민촌의 모모를, 얼굴 없는 엄마가 보내오는 돈으로 키워지는 아이, 숨진 할미 시몬느 시뇨레를 감춰 두고 세상에서 가장 예쁘게 화장시키고 끝내 저세상으로 보낼 수 없었던 모모

여기! 우리 이웃 아이 하나가
죽은 엄마 곁에서 여섯 달! 함께! 살았다니

어느 날 엄마가 몹시 아팠다 며칠 후
엄마가 홀로 숨져 있었다
그냥 곁에 있어 주는 것 외 아무것도 할 수 없었다
그는

---

* 에밀 아자르 작품.

도망갈 수도 도망갈 곳도 없었다
문을 잠그고 세상을 닫아 버렸다
엄마 없는 세상은 캄캄할 뿐, 벼랑 끝이었다

엄마의 잔잔한 소리, 따뜻한 방, 맛있는 음식, 학교와 친구, 공부 이런 것이
가득한 곳이 세상이라면 몸 다치고 병들고 미워하고 싸우고, 때리고, 훔치고
굶주리고 헐벗는 것이 또한 세상이라니

윙윙 거센 바람 소리가 들린다 귓구멍 속으로 스멀스멀 벌레가 기어 들어온다
며칠 지독한 독감을 앓았다 그리고 기다리고 기다렸다
애틋한 엄마 품, 사랑의 약속을 끌어안고
자기 앞의 생, 홀로 비틀비틀 거리며

그 순간
— 쇼생크의 탈출

수천 명의 죄수들 머리 위로 갑자기
'피가로의 결혼' 중 아리아 하나가
일제히 메가폰을 향하여 고개를 돌린다

— 누구야, 음악을 트는 놈이! —
그러나 죄수들은 아무도 그 목소리에 아랑곳하지 않는다
생전에 들어 본 적도 없는
모차르트의 음악에 귀를 기울일 뿐이다

감옥 한가운데를 가르는
맑은 바람 한 줄기
아무도 막을 수 없는 바람

저 바람의 자유를!

그 종이 한 장 내 삶의 무게

천근만근 더 무거웠다

여권 위에는 수만 리의 바다가 출렁이고
육대주 넓은 땅이 펼쳐져 있었다

어느 날 그 증명서 한 장 분실하고 보니
내 몸뚱이 50kg는 아무것도 아니었다
지구상에 내 존재는 어디에고 없었다

내 눈과 코와 입은 나를 증명해 주지 못한다
열화 같은 시심詩心과 눈물,
강물 흐르는 듯한 노랫말로는 더욱 통하지 않는다

바다에도 하늘에도 아예 나설 수가 없다
얇은 종이 한 장에 걸려 있는 내 존재의 무거움이라니

망망대해 일엽편주
굴러가는 갈잎 한 장

먼먼 남쪽 하늘 아래 어디선가 올 작은 파도 하나를
멍하니 기다리고 기다릴 뿐이다

제2부
당신이 먼 길 떠나갈 때

당신이 먼 길 떠나갈 때

무심히 당신의 손목시계를 받아
내 손목에 걸었습니다

내 손목에 와서
당신의 시간이 시냇물로 흘러갑니다

째각 째각 째각
바람의 태엽을 감습니다

당신의 시간 속으로 바람 따라
내 시간의 혈류가 함께 흘러갑니다

꽃 그림자
— 네 영정

그네의 영정은 눈부시게 아름다웠다
어느 때의 그네보다 더욱 빛나 보였다
언제 저런 모습을 찍어 놓았을까

병마와 싸웠던 흔적은 어디에도 보이지 않는다
갓 쉰을 넘은 생애를 말해 주듯이 아름답게 그리고
조금은 쓸쓸하고 슬픈 표정으로 하얀 꽃무리에 파묻혀 있다

더욱 돋보이게 해 주었던 그 현란한 장신구는 다 어디에 두고
까만 블라우스 입고, 오만하리만큼 날 선 콧날이며
함부로 열지 않는 꼭 다문 조개입술 가에 한 번도 보지 못했던 미소,
원망이나 분노가 사라진 둥그런 미소가 안개꽃처럼 피어 있다

감추었던 네 걸어온 길이, 길 밖에서 훤히 보인다

산이 막히고 강이 가로 놓이고 온갖 험한 일 비켜서
지 않는
비바람 속에 뉘우침이나 용서란 한갓 이슬방울 같은 것
기뻤고 행복하였노라고 진정 말할 수 있다면

병든 아비와 팔순 노모를 두고, 치매에 시달린 지
오랜
시부모 양주도 다 두고, 너를 향해 핀 두 꽃송이, 막
열매
영글어 가는데 그 가을걷이는 어찌 두고

넌 사십구재 향불 영가로 떠나는 날
금 은 청옥 수정 난간 찬란하게 둘러친 연못에
한 송이 연꽃 속에 앉아 고요히 고요히 웃고만 있는가

달마의 무릎

거기 항상 앉아 계셨어
걸음마 시작한 아기, 위태롭게
종종걸음으로 애써 닿을 수 있는 곳은 무릎
할아버지의 무릎뿐이지요

배밀이하다가 두 다리로 기어 다니면서
그 무릎은 최종 안착지가 되지요
평생 쉼 없이 뛰어다녀야 했던 관절의
연골이 낡아 이젠 쉬어야 할
할아버지의 무릎

안락의자에 앉아 두문불출 면벽한 지 한 삼 년
얼굴은 이미 달마스님을 닮아 가고

넓고 큰 무릎은 아늑하고 포근한 풀밭이 되지요
걸음마 시작한 아가, 그 풀밭에서 진종일 뒹굴지요
창가에 노을이 마룻바닥에 석류 알처럼 쏟아질 때까지
아기와 할아버지는 손뼉 마주치며 놀지요

와불 되어

1

그 길
五 體 投 地로
한 열 달은 가야만 하리

무릎 꿇고
사지 부르트며
진땀 피멍 진창으로

그 길 따라
연꽃 같은 서원
무에 있으랴

2

그 바쁜 일
그 무거운 일
다 던져 내려놓고

'겨우살이' 달인
쓴 물 한 사발
달게 마시고

고즈넉이
관악산 등성이처럼
와불 되어 누워 있네

이젠 그 얘기는 그만하시지요
— 어느 친일파에게

어스름에 진한 황혼을 타 마시는 소주 한잔 속엔
오사카, 아버지의 젊은 날이 녹아 아직도 쓸쓸하게 아름답다
열여섯 떠꺼머리총각 현해탄 건너가
등짐 지며 글 배우고 사는 길 찾으며
낯설고 어설픈 촌놈 뻰쩍 눈뜨게 해준 야마모토 상
야구와 활동사진의 재미 일깨워 준 마사오 군
'집 없는 아이' '정글북' '장 발장' 그리고 사무라이 이야기까지
밤새워 꼬박 책 읽게 해 준 하루코 짱
과거사 청산이라, 그날부터 안절부절
몰래 가슴 한가운데 원죄의 추 하나 아직도 매달려 있다

— 너무 자주 그 얘기 하면 지겨워지지요 —

왜 거기에 살았을까 나는
왜 거기에서 태어났을까

학교에 다니며 노래 잘하고 그림도 잘 그린다고 칭찬도 받았지만

집 앞 골목길에서 아이들과 잘 뛰어놀다가도 느닷없이

조센징!

이지메의 슬픔과 수치심을 알았다

김치와 마늘, 치마저고리와 고무신이 왜 그리도 부끄러웠을까

— 가끔은 사무치게 그리워지지요 —

전쟁이 끝나자마자 아버지는 한시가 바쁘게 우리를 이끌고 귀환선을 탔다 그립고 그리웠던 내 조국 내 고향으로 나 보란 듯 돌아왔다 고향은 자꾸 배가 고프고 아버지는 얼마간 후회하고 절망하고, 다시 밀항을 기도, 그 기도 실패하여 오무라 수용소에서 고생 좀 하고서야 포기, 반성과 용서 화해와 우정을 위해 묵묵부답으로 살았다 돈 벌어 마련한 서른 마지기 농사도 그럭저럭 다 놓치고, 꿈속에도 잊지 못한 여름 한나절 남산

윗골 안 골짜기 소몰이도 먼 초립동이 옛일, 늙은 개암나무 아래 납작 엎드린 서당 길도 그뿐, 그 무렵 나는 한글 깨쳐 안중근과 이등박문을 읽고 유관순과 삼일운동을 배우고 김구 선생 장례식 치르면서 어쩐지 주먹 불끈 쥐고 뜨거운 가슴으로 살아왔지요

— 과거사 청산이라 —

육십 년 벼르고 벼른 날 선 칼날 아래 나날이 가난해지는 우리들의 어정쩡한 삶, 허겁지겁 그 시대를 살았고 그 이유만으로 과거사 결백하고 무탈한 사람 얼마나 있을까 고관대작도 아니고 고급 장성급도 아니고 보니 친일파, 우수수 낙엽처럼 부서져 버린 유명인들 색출 뒤에 우린 꼭꼭 숨바꼭질하고 있는 게 아닐까!

백 년의 해후

마음은 막막한 허허벌판이다
길은 아무 데도 보이지 않고 녹슨 바람만 분다
옛 벗이 내 굽은 과거의 등짝을 밀며
옛 고향 골목집으로 간다

아파트 숨 막히는 도시의 끝자락을 휘돌아 나오자
나직한 산등성이 맑은 시내 옆구리 끼고 다정히
그리움이 길을 묻는 그곳, 멀리 비슬산이 아득하다

우거진 산 숲 바깥에서 숨어 들어와 홀연히
수십 마리 학이 원무를 추며 내려앉는다 거기
달성 화원읍 본리리 세거지 마을이 웅성거리고 있다

황토 담장 아늑히 굽어들면 솟을대문께 다정히
까치발로 재고 선 엄나무 푸른 손이 너울너울 손짓
하며
덜커덩 끼익 큰 대문을 열어젖힌다

안채 마당 눈 가리는 협문 빠끔히 밀어 보면
한 세월을 이겨 온 슬픔의 남루가 버선발로 뛰어나
온다
가득 넘치는 눈물, 백 년 묵은 고독이 한꺼번에 안기다

춘양목 기둥마다 붉은 동맥이 굽이쳐 흐르고
처마 깊숙이 묵은 곰팡이꽃 켜켜이 피어 있다
묵묵히 지켜 온 튼실한 종가 역사의 한 짐 부려 놓고

함평 문씨 든든한 낙향 아름답구나 사라지는 것 어
드메인가
그리움은 하공 속에 수렴되어 머물고
귀향의 해후는 꿈속에 아늑하기만 하다

옛집에서 듣는 새벽 빗소리

무슨 소리일까!
추적추적하는 소리
단잠 깨고 귀 기울인다

초로록 초로록 맑은 낙숫물 소리
기왓장 추녀 끝에서 마당으로 혼을 파며 떨어지는
빗방울 소리라니

까맣게 잊고 낯설어 버린 빗방울 소리
오랜 콘크리트 아파트에 살다 옛집에 돌아와
잃어버린 낙숫물 소리에 새벽을 깨운다

간밤에 지핀 군불, 아직도 뜨끈뜨끈한 구들목에
등 대고 후줄근히 땀 배고, 포근한 명주 이불깃
목덜미까지 끌어 올린다

딸그락딸그락 조반 상차림 바쁜 부엌 아낙의 소리
마당귀에 서성이는 남정네 헛기침 발자국 소리

먼 고향 외갓집, 잘 갈무리된 따순 아랫목에

겨울비에 저린 오금 펴고 오므라진 피돌기
풀어 놓고, 낙수에 젖어 스르르
느긋느긋 늦잠에 든다

징검다리

새벽마다
그 징검다리 건너간다

밤내 잠을 할퀴며 후리치며 새벽 강
검은 정맥처럼 파인 가슴팍으로
차갑게 흘러간다

안개는 끝없이 불면의 휘장을 치고 있다
누가 놓았을까
징검돌 드문드문 띄어 놓고
저기 강 건너까지 안간힘 다해 붙들고 있다

카르르 차르르 차르르
여울 여울지며 아래 강 쪽으로
슬픈 로스트로포비치의 첼로가 흐른다
위대한 생애가 끝난 날 밤새 흐르는
그리움의 눈물이었구나

사랑한 첼로의 소녀만이
그 가슴에 안길 수 있었다면
저기 강 건너에 서걱대는 억새의 손사래
그건 머나먼 몸짓이었을까
아프게 휘몰아치는 피 가름의 울음이었을까

어스름 안개 속으로 재두루미 한 마리 찬 발을 담근다
이승 저승 넘어가듯 징검다리 띄엄띄엄 건너갔다가
홀로 쓸쓸히 건너온다

자기공명영상*

사하라 모래언덕 너머 그곳엔
둥근 달 모양의 커다란 구멍이 있다
온몸이 구름처럼 가벼이 드나들 수 있게

나는 알지
잠깐 기차가 터널을 들어가자
금방 밝은 바깥으로 칙칙폭폭
급히 달려 나오듯이
숨이 목젖까지 차올라
견딜 수 없는 두려움 토해 내는 것을

그리고 보았지
피 한 방울 흘리지 않고
두개골 얇게 저며 내는
빛의 난도질을
컴퓨터단층촬영의 보이지 않는 섬광을

---

* MRI.

뼛골이 삐걱삐걱 부서진다
몸뚱이 와그르르 무너진다
뇌리 속에 박힌 저 피멍을 보아라
언제 저리도 쑥부쟁이 꽃처럼 하얗게 바래졌던가

일일구 귀곡성 울며불며,
칠흑 같은 미망을 깨우며
이승의 사람 하나 경계선을 넘어가고 있다

공덕장엄
— 장엄한 종말은 어떤 것인가 인류 역사상 가장 위대했
던 성인이 십자가에 못 박혔다

'그분' 도 삼 년 전에 못 박혔다
가슴엔 칼로 심장을 헤집었고
콧구멍으로 산소호흡의 호스를 찌르고
양팔엔 주사 바늘로 혈관을 찾아 꽂은 지 석삼년째
마침내 옆구리를 뚫고 고무 튜브로 죽이 들어간다
눈은 허여멀거니 허공을 바라보고
그 능변의 입술은 녹슨 대문처럼 닫혀 버렸다
집동처럼 부풀은 몸뚱이, 만삭처럼 솟아오른 뱃집
팔십 평생 못 다한 일 뭐 있기에 저 편한 세상 바꾸지 못하고
그 거추장스런 옷 갈아입지 못하는가

(골고다의 성인은 세 번 쓰러지고 무거운 십자가에 짓눌렸다 수많은 사람들의 욕설과 힐난, 조롱과 비웃음을 받으며 흙투성이 피투성이가 된 한 마리 짐승처럼 기어갔다)

공덕장엄은 어디에 있는가 그분을 향한 수많은 식솔을 위하여 오대양 육대주를
휘몰아 다녔다 원대한 포부 가슴 한가득 품고 그의 청춘과 인생은 동분서주
안일한 날보다 다사다난한 날들이었다 엄청난 가솔을, 혹은 주변의 친지와
이웃까지도 하나하나 소홀함이 없었다 아기 태어나면 돌 생일 입학 경축 시험
유학 학자금 근심걱정이며 결혼경축까지, 그러나 그분 가까이에 사람들, 진정 그를
사모하고 존경했을까 언제나 강자에겐 적이 있게 마련

(‘이 세상 소풍이 끝나는 날, 하늘나라로 간다’ 는 어느 시인은 행복했을까)

그러나 그분은 이 세상에 소풍 온 것은 아니었다
파란만장한 그의 생애 그리 쉬 끝내 주지 않으니!

재즈 바카*

하루도 편안한 날이 없는 북새통
이유 없이 화가 치밀어 오르는 쑥밭 세상, 마른 쑥밭에 앉아
쉰 목소리 흑인 가수의 저음에 녹아
이 가을을 목메어 본다

저 광기와 분노도 잠재우고 색소폰과 트럼펫이
청승맞고 구성진 암스트롱 씨
베토벤보다 더 어렵다는 재즈에 날 세운 고음을 삭이고
만추는 부드럽게 가벼이 잦아지는 소리

눈만 감으면 된다 찡그리고 낯 붉히지 않아도 된다 잠자듯 편안하게
마른 풀꽃 향기와 갈잎 한 장의 귀엣말에 고개 끄덕인다 바람은

---

* 일본어로 바보.

또 떠나고 낙엽이 아스팔트 위를 휩쓸려 간다 이때 '오텀 리브스' 의
길고 느릿한 오십년대의 선율이 제격이다 아름답고자 하지 않는다
달콤하지도 않는다 그저 가슴을 두드린다 뼈 마디마디가 으스러진다
바람과 갈잎의 흐느낌, 노래 이전의 음향일 뿐, 가끔은 이 지구상에
존재하지 않는 소리를 찾으려!

지금 내 귓가엔 아버지의 낡은 축음기,
녹슨 태엽을 감고 지지직 지지직
닳아진 바늘이 음반을 긁어 대는
고복수의 '타향살이' 가
유난히 그립게 울려온다

난초

— 여보, 이 향기 좀 맡아 봐! —

들뜬 소년처럼 헐레벌떡
화분 하나를 들고 와 외친다

화장실에서 세수하다 나는
목을 빼고 두리번거린다

한 올 맑은 숲 바람이
코끝을 싸아하게 스친다

그렇구나
베란다 구석에 겨우내
오도카니 앉아 있던 난초
제 몸 피워 냈구나

당신이 난초처럼 웃고
내가 파밭처럼 싱싱한 아침
이보다 더 아름다운 봄이 또 있을까

제3부

겨울 숲에 서서

푸른 새벽
— 북한산 일기 · 1

드디어 당신의 성벽을
뛰어넘었다
서방질하듯 푸른 새벽이
늘 숨이 차다

이미 넘어 버린 탄탄한
가슴팍과 등허리께
발버둥 치며 몸부림치며

그 절정에로
그 한점에로
마침내 끌어안는다

차가운 바람 한 줄기
내 이마의 땀방울
씻어 주며 씻어 내리며

첫 경험
— 북한산 일기 · 2

능선에 매달렸다
진퇴양난
오직 하늘뿐

허공을 찌르는 암벽
곤두박이는 천 길 벼랑

산세야 날아와 다오 안개처럼
바람처럼, 네 깃을 털며
흰 구름이 된들
산꽃이 된들

작은 몸뚱이 한 점
힘살에 매달려, 떠는
절벽!

---

* 도봉산 포대능선에서.

산성山城 부근
— 북한산 일기 · 3

아무리 힘센 장정도, 두세 번
허리 꺾고 무릎을 꿇는다
암문은 거기 어디쯤 좌선해 있다가
눈 동그랗게 뜨고
드문드문 지친 산사람
내려다본다

산 아래 평안한 승가사
니구의 공양을 마다하고
자꾸 허기지는 허리춤, 끈적이는
한 다발의 번뇌를 떨치면
면벽한 고요가 숨죽이고 있다

성 문짝엔 '입문금지入門禁止' 버팀 쇠가 녹슬고
장끼 한 마리 푸드덕
성벽을 허물며 날아간다

숲속의 노란 방
— 북한산 일기 · 4

겨울 숲은 제 혼자 춥다

투망처럼 얽힌 나뭇가지 사이로
금빛 햇살 소나기로 쏟아진다

강열한 노란색의 터치

마른 장작 지펴 훈훈하게 데운 방에
금발의 예술가, 친구의 초상화
걸어 놓고

숲은 저 혼자
빈 의자 하나 흔들며
빈센트 반 고흐를 기다린다

바람길 따라
— 북한산 일기 · 5

숲속을 자맥질, 자맥질하다가
몇 개의 옹달샘, 옹달샘을 지나고
몇 번이고 무릎에 바위를 찍습니다
바깥세상에서 몇 걸음만 굽이돌면
상처받지 않고도 닿을 수 있는 나라
어쩌면 갈 수 없는 나라
늙고 지친 하반신의 설움도 깔고 앉아
늦가을 쓸쓸한 숲이 거기 기다리고 있습니다
젖지 않고 떠나가는 청동 빛 바람
뒤따라 안개가 허물을 벗으면
비로소 선연한 얼굴 하나, 보현봉!

그 발꿈치에 까치발로 섰다가
돌아옵니다
노을이 되어 바람이 되어

팔월산
— 북한산 일기 · 6

불타오르고 있다

청록의 잉걸불이
연주암 비탈길로
시퍼렇게 달아오르고

삼베 홑이불 자락
아홉 세골자리 깔고 누워
대청마루 설렁 바람도 말고
탐욕처럼 끈끈한 진땀을 빼며
불덩이 퍼붓는 관악에
치고 박고 달겨든다

풀벌레 산물 소리
귀청에 가득한 산의 교성
팔월의 산 요란하다

나도 함께 활활 불이 붙는다
여름의 오르가슴은

겨울 숲에
— 북한산 일기 · 7

겨울 숲에 가 보라
죽어 있는 것들 얼마나 아름다운가

현란하던 생명들
발가벗긴 채
유형지에 서 있다

청동 빛 얼음 성 위로
깃발 날리는 바람, 바람
갈기갈기 찢어발기며

내려친다 회초리로
운명의 길 떠난다
성자처럼!

겨울 잠

— 북한산 일기 · 8(그대 뒷등을 보며)

삼동三冬의 잠 속에 몇 개의 꿈이 깊어 갑니다
지친 몸 뒤척이며 산 아래 눕습니다
그대를 떠난 겨울 가슴에
모닥불 하나 지펴 봅니다

산문 밖에서 눈발 섞인
슬픔의 생솔 내음 잔기침 소리 들리고
이 세상 머물 곳 여기뿐이라 한들
꿈 밖에서 그대 찾지 못하리니

산 넘어 산이 기다리고
산 안에 깊이 네 몸 묻으면
하얗게 죽어, 목숨의 성을 쌓고
바람 따라 가는 그곳, 약속한 먼 길
그 먼 길 나 또한 가리니!

겨울 숲
— 북한산 일기 · 9

순백의 선방 하나 열려 있다
나무들은 산자락에 낮게 앉아
고요히 참선에 들고

선사는 숫돌이요
수행자는 칼이라 했는데

칼은 숫돌에 갈면 갈수록
날이 서지만
숫돌은 닳고 닳아 이윽고 사라지나니

산사 추녀 끝에 놀던
박새 한 마리 푸드덕, 화두 하나 물고
얼어붙은 시냇물 건너로 날아간다

겨울 산사

— 북한산 일기 · 10

빛 부신 백화 만발한데
얼음 우는 소리 쩌렁쩌렁
깊이 잠든 겨울 골짜기 뒤흔든다
흰 고깔에 가려진 볼 고운
비구니
수심가 자진모리 한 가닥
천만근 적멸을 깨운다

산정에서
— 북한산 일기 · 11

죽겠다 죽을 맛이다
함부로 말하지 마라
가장 살맛 날 때 내미는
뱀 혓바닥 같은 것, 능멸의

비봉 꼭대기 바로 아래서
딱 갈라져 있는 암벽 틈새에서
가랑이 짝 벌려 놓고
오르지도 내리지도 못할
절체절명의 순간

추락의 밑바닥이 발아래 아득히
천길만길로 내리꽂힐 때
죽음은 산새 깃털 같고
목숨은 무거운 암벽처럼 캄캄하다

내 몸 작게 작게 오므리고
조심조심 발걸음 옮기며, 뒷걸음질하며

온 힘 다하여 매달린 팔목에다
내 몸 내 목숨 걸어 놓고, 기어코
비봉 꼭대기를 기어오르니, 얏호

정복! 정상 정복이다
죽을 맛이 살맛으로 바뀌는
짜릿한 순간

겨울 산
— 북한산 일기 · 12

너 떠나 버린 텅 빈 숲엔, 타다가
타다 남은 검은 시신들이 즐비
어깨를 겯고 혹은 서로 엉키어
숨을 거두고 있다

어딘가에 숨어 버린 기운찬 초록의 육체들
그리움도 얼어붙은 나목의 숲속으로
우지직 새벽을 깨부수는 바람 소리
칼금 그어 가는 목 쉰 첼로의 현은
신음처럼 '레퀴엠' 을 풀어 놓고 있다

저 능선 너머가 전생이었다면
이 결빙된 골짜기는 이승의 호된 형장이거니

사랑하였고 뜨거웠으니 폐허처럼
공허한 하늘이 얼어붙으면 달게
죽음도 달게
겨울 산은 죄 없이도 아프고 슬프다

제4부

보이지 않는 산

보이지 않는 산
— 태산泰山에서

태산이 있다 하되 보이지 않더라
태산을 밟고도 태산이 없더라
태산은 높다 하되 사람으로 가려져 있더라

내 몸에 감겨 있는 오랏줄 풀어 버리고
봉래, 금강 오르는 길목 태산에 오른다
횃불 뭉치처럼 자욱한 분향에 쌓인 옥황정

전족 노파의 양 겨드랑이엔 힘센 여인들 고이고
칠천 계단 오르고 또 오르니
그 간절한 기도 어느 하늘까지 닿을까

구름과 안개 피워 길 지우고 다시 지우고
천년의 바람 겹겹이 빗금만 새겨 놓은
무자비無字碑* 힐끗 징표 하나 보고 돌아왔다

태산은 언제나 거기 있더라
태산은 내 마음속에 있어라

---

* 태산에 오르는 도중에 선 비석.

공자님, 시아버님

— 곡부曲阜*에 와서 보니 공묘孔廟 공부孔府 공림孔林 수십 리에 펼쳐 놓고 이천오백여 년 제왕들의 만세사표萬歲師表가 되어 흠모와 숭앙의 비석이 지천으로 세워져 있고 공자님 인仁 의義 예禮가 반석이 되어 있더라 그 비석에 기대어 서 보니 시아버님 목소리, 산등성 가로지르는 황하의 물결 되어 도도히 흐르고 있더라

공자님은 시아버님 긴 훈계 속에 늘 있었고
그 말씀들은 시어머님 서슬 푸른 푸념 속에 있었다
허튼 웃음도 호들갑도 용납되지 않은 무겁고 적막한 고요 속에
치맛자락 소리 죽여 발길질하는 버선발 속에 있었다

사대 봉제사에 온 생을 걸고
조율이시 어동육서 홍동백서 엄정하게 차려 놓고
맛깔스런 오색전 정갈한 사철나물
맵찬 솜씨 가문 부덕으로 부려 놓고

사시사철 손가락 곱고 빠질세라 기일 헤아리며

---

* 공자의 고향.

조상혼령 산 사람보다 더 정성으로 받들어 모시니
사시명절 놓칠세라 자식 기둥 우뚝우뚝 세워 놓고
부모효도 일부종사 삼종지도로 길을 잡아 외우고 익히며
살이 되고 피가 되도록 살아 보니, 옳거니!

그게 사람 사는 극기복례克己復禮라 하니
더 이상 인덕仁德의 평안함이 어디 있으랴

어머니 눈부처

잠방이 저고리를 입고 있다
짧게 매듭처럼 질끈 묶은 끈 하나
앞섶에 달랑 달려 있다
거기다 낡고 구겨진 몽당치마를 받쳐 입고

근엄한 표정도 자상한 눈빛도 아니다
'애통하고 분통 절통하도다!'
강도 일본에게 항복했을 때
통탄한 이유, 오직 자주독립이
염원이었을 뿐

옥고 치르는 아들의 철창 앞에서
결코 눈물짓지 않았던 어머니
'네가 나라 위해 한 큰일, 높은 벼슬한 것보다
더 자랑스럽도다'

안중근 어머니
아들의 눈동자에 눈부처로
앉아 있었다

이서伊西를 지나며

— 구랑九浪을 찾아서

쉬어 쉬어 넘어도 숨이 가쁘다던가
팔조령 재 넘나들며 닷새장 장꾼
등짐에 땀 밴 등허리 목이 굽고 무릎 꺾이어
발가락 부르트고 짓무르던 고갯마루
이젠 팔조령 굴 뚫어 놓고 단숨에 달려
꿈길처럼 거기 닿을 수 있다

이서국伊西國의 후예라던 아버지의 두둑한 핏줄기
이서伊西를 옆구리에 끼고
'큰 냇물' 이 풀숲을 헤치고 흐른다
붕어 메기 쏘가리 피라미 놀래기, 소쿠리 소쿠리
건져 올려 매운 풋고추로 종일 졸인 맵싸한 맛
입 안 가득 침이 고인다

굽이치는 힘찬 능선 어깨에 걸치고
'남산' 은 여전히 무겁게 그 육신을 버티고 있다
깊은 산속 드나들던 그날의 젊은 아재들
늘 푸른 눈빛을 아직도 잊지 못한다

어딘가에 숨겨 놓은 검은 음모도
퍼렇게 멍든 저 침묵도 나는 알고 있다

동구 앞 느티나무 아래 바람 그늘 지키던 이들
다 어디로 갔을까 휘갈긴 비바람에
깊숙이 숨겨 둔 비밀의 숲 이젠 풀어 헤치고
수런수런, 고샅길 사부작사부작 굽어 들어간다

격포에 와서

길마다 바다 쪽으로 열리는데
그 바다엔 파도가 없다

갈대숲 너머로 멀리 수평선이
은빛 칼날 세우고
땅끝에 덜미 잡힌 바다, 한세상
시꺼멓게 앙가슴 드러내 놓고
서녘 노을 갯벌 이랑마다
참선 중이구나

노을 바다 등 돌리고
구절초 한 무더기 갯벌에 발목 잡혀
시들고들 가을 피를 말리고 있다

변산, 그 사람

1

지난여름 파리 여행 때
멀찍이 바라보면서 딱하기만 했던
그 남자, 화려강산 펼쳐지는
파리의 개선문 앞에서
꾸역꾸역 배탈이 나
구경이고 뭐고 다 귀찮다 하더니
흐린 동공에 목 길게 떨구고
처진 어깨 뒷걸음질 허둥거리기만 하더니

오늘 변산 갯벌 가에
큰 나무로 우뚝 선 그 사내
해풍에 잘 익은 알밤 같은 낯빛
첫서리 맞고 농익은 감색 양 볼
산 노루보다 더 초롱초롱한 재빠른 눈동자
가랑잎 색깔로 깃에 힘주고
개량 한복 통바지로 격포 바람
멱살을 움켜쥐고 있네

2

치즈와 닭다리
쓴 커피와 시큼한 샴페인보다
변산의 바닷상은 매끄럽고 푸짐하다
도다리 쫄깃쫄깃한 살점과
펄펄 뛰는 새우 소금구이
그 갯벌 지퍽한 조갯국
죽어서도 꼼지락거리는 산 낙지 입 안 한가득
살아서 달라붙는 맛이라니

입으로 코로 들이켜는 바다 맛과 내음
눈과 귀로 들이치는 갯벌과 뻘 내음
억새풀로 쓸어 올리는 갯바람 속에
변산 소금강의 가을이 황홀하다
개양할멈 당집에 애틋한 머뭇거림
채석강 절벽에 눈물 글썽이며 부서지는
핏빛 석양과 마주 서서
힘차게 낚싯줄을 당기는 그 사람
갯벌 한가운데 서서 바다를 낚아 올리고 있네

한여름밤의 꿈이라면

— 벗이 있어 먼 곳에서 찾아오니
또한 즐겁지 아니한가

산둥성山東省 황하 유역이 어디였을까
진흙을 뚫고 솟아오르는
맑은 샘물, 샘물 수천이 만나 출렁이는
바다 같은 호수가 되었더라
연꽃 물결치게 해 놓고
연잎 띄워 넘실거리게 해 놓고
옛 시인의 열락 깊숙이 휘저어 보노니
표돌천* 한가운데 외로이 서 있는 청조 시인

저렇게 천 년을 더 서 있어야 하나요
시인의 눈물을 무심한 나그네가
어찌 닦아 줄 수 있을까

---

* 중국 산둥성 지난(济南)에 위치한 샘으로, 세 갈래로 높은 물줄기가 뿜어져 나온다.

나무 하나

설렘으로 눈뜨지 않는 새벽이 있던가
푸른 촉수를 올리고 서둘러 질주해 가는 맘
기다려 준다
옆에 있어도 늘 그립기만 한 사람같이

어젯밤 혹독한 바람의 상처가
부스럼처럼 더께 낀 살갗
손바닥으로 부비고 또 부비면
가슴 한가운데로 스미는 열기

온몸 기대어 몸통에 귀를 대고
수액 흘러가는 새벽 강 소리를 듣는다

놋대야 같은 햇덩이 이윽고 달아오르고
천지사방 붉은 바다로 불 지르는 아침
숨 가쁘게 달려가 한 아름 안아 본다
푸른 나무 하나

플라타너스 길
— 동숭동 연가 · 1

1

문득 그 길 찾아 나선다
그리움이 샘물처럼 출렁이며
우리 젊은 날이 여울지는 곳으로

아무 말 없었지만 그대
입가에 떠오르던 엷은 미소
무성한 푸른 잎으로 남아 플라타너스
잎새마다 바람으로 숨어 있는데

2

말해 다오 온몸으로 울던 그 추운 날
활활 타오르던 그 시간의 나뭇잎
더러는 꽃이 되고 풀잎이 되고
영글어 쉬이 열매가 되고
한 자락 다디단 슬픔이 되더니

3

한때 뜨거웠던 질풍노도
쏜살같이 지나간 바람이라 한들
설익어 떨어진 풋과일이라 한들
남몰래 설렜던 짝사랑의 밀물
아직도 숯불처럼 낯을 붉히고 있다

아 그 플라타너스 길을 걸으며
푸른 바리케이드 너머
내 청춘이 말발굽으로 달려오고 있다

추상追想

— 동숭동 연가 · 2

아득하다 그 봄날이
분홍 아지랑이 하늘 속으로
연둣빛 싹틀 무렵
부끄러운 첫사랑의 안개꽃이여

누구였을까
봄 햇살로 내리꽂히던
내게 던진 그 진한 눈빛은
산수유 꽃 초롱 낮은 어둠의 불 켜듯이

언제였을까
온 누리 흐드러진 꽃밭에
꽃샘바람끼리 부대끼며
분별없이 흐르던 슬픈 강물, 끝내 감추려던
그 황금빛 고뇌의 날들은!

피아노 이야기

1

피아니스트도 아닌데 늘 피아노를 친다
한두 해 용돈 벌어 모았다나, 기어코
그랜드피아노 한 대를 사들여 왔다
트럭에서 세 장정이 내리더니 이층 마루
오르락내리락 재고 견주고 진땀 뻘뻘 흘리고
어렵사리 용케도 올려놓는다

갑자기 온 집 안이 감미로운 물결로 출렁인다
바흐 베토벤 쇼팽 슈베르트……
처음은 선율의 바다가 넘실거렸다
아주 예술적으로

2

그러나 시도 때도 없이 쿵쾅대니 마루 내려앉을까
귀청이 떨어질까 예술이고 뭐고 뒤죽박죽
차마 시끄럽다 하려니, 무식하고 뒤처지는 짓 같아
예술 아는 척, 말 못 하고 서로 눈 마주보고 껌벅일 뿐
내리 쳐대니 드디어 아버지가

— 피아노 열심히 치는 것, 알아줘야겠군! —
군가나 '이 강산낙화 유수' 쯤을 음악으로 아는 아버지
삼 년 풍월인가 밤낮 없는 피아노에 귀가 예술로 상승하는지
이공학 쪽 학위 들고 십여 년 만에 돌아온 녀석, 피아노 좋아하는 것
그쯤은 넓은 아량으로 봐주기로 했겠다

3
어느 날 역마살 낀 아이 또 훌쩍 집 떠나 버리니
남겨 놓은 저 괴물을 어찌할꼬, 옳다구나 이 틈에
저 거물을 치워 버리자 벼뤘겠다
— 뭐라고 제 몸보다 더 애끼는 것을……! —
되레 아버지가 말리고 나선다

다음 날부터 떠나간 아이 얼굴 닦듯이
아침저녁 들여다보고 먼지 털어 주고 닦아 주고
그리 피아노와 음악을 사랑하고 있으니

눈물의 집
— 미켈란젤로에게

집을 잃고
내 한 몸 담을 집을 찾아
허공에 떠도는 허무의 집
냉담의 얼음벽을 허문다

천년을 깎고 깎아
또 천년을 쌓고 쌓아 올린 집

그대의 손은 얼마나 날카로운가
그대의 힘손이 얼마나 찬란한가
집 잃고 눈물짓는 사람에게
칼로 깎고
정으로 치는구나

'천지창조' 의 하늘을 펼치고
'최후의 심판' 으로 천장을 덮으니
별을 헤고 헤다가 목이 삐고
해를 우러르다 꼽추 어깨가 되었나니

백번을 죽고 다시 죽은들
어찌 이 땅 위에 이토록
아름다운 집을 지을 수 있었을까

아! '피에타' 는 눈물의 집이었구나

다시 파리에

모파상은 날마다 에펠탑 속에 들어와서
낮잠을 자고 갔다

파리에서 그 괴물이 보이지 않는 곳은
오직 그 괴물 속이었기 때문이다

십 년 만에 허물기로 약속되었던
그 철탑은 백 년이 훨씬 넘어도
더 높이 솟아올라, 도도히
파리의 콧대가 되어 간다

추억처럼 에펠탑 한 개를
선물로 샀다
다시 파리에 와서!

제5부

애기똥풀 꽃향기에 놀다

봄 강은 등 푸른 새벽처럼

발정 난 봄 물결이 강을 덮치고 있다

첨벙 첨벙 첨벙
강물이 키워 낸 수초가 찰랑대며
붕어 떼 쌍쌍이 요동을 친다

말뚝잠 자던 등 푸른 새벽이
치맛자락 걷어 올려 하얀 정강이 내놓고 소란
소란하다

살 오른 잉어 떼 물 밖인지 물속인지도 모르고
초록 비늘 번뜩인다
물비린내 진동을 한다

힘센 장정의 팔뚝 꽉 베어 물고
봄 사랑 막무가내로 솟구친다

그 성채에서

그 성채는 숲이 우거진 언덕 위에 우뚝 솟아 있었다 아침이면 황금빛으로 빛나고 해 질 녘엔 창문마다 현란한 별빛으로 등불을 밝힌다 때론 더없이 숭고하기까지 한 그 성을 바라보면서 가끔 카프카의 '성채'를 떠올린다 K가 그토록 다가가려고 애를 썼으나 결코 성문은 열리지 않았고 영원히 이룰 수 없는 꿈이었던, 그러던 어느 날 119 사이렌 비명처럼 울리며 드디어 그 성채에 입성을 했다

내 앞에 쓰러진 도반을 간신히 일으켜 안고 세상의 끝자락 같은 저승길, 캄캄한 어둠 속으로 미친 듯이 달려갔다 그 성안에는 놀라운 별천지가 있었다 피고름이 숙성하여 새살이 돋아나고 고통과 슬픔이 발효하여 생기가 솟아나게 하는 곳, 망치와 메스로 부서지고 찢어진 것 잇고 기워 맞춰, 몸 일으켜 세워 주는 곳이었다 흰 가운의 성자들이, 연두색 고운 옷자락의 천사들이, 튼튼하고 반듯한 보조원들이, 수많은 아픈 사람들을 시술과 약으로 돌보고 보살펴 주고, 봉사와 위안 그리고 사랑으로 버무려진 곳이었다 인사불성의 마비가

깨어나고 썩은 장기를 베어 내어 기운을 통하게 하니 사지를 자르고도 지금 살아 있음에 놀라고 기뻐하며 감사하는 사람으로 넘친다 피와 고름, 땀과 눈물, 똥과 오줌이 범벅이 되어 있어도 맑고 향기로운 생기 바이러스가 가득한 이 성채 속에서 몇 달 동안 어쩌면 놓칠 뻔했던 경이로운 생명의 신비를 그리고 아름다운 사람들의 사랑을 만날 수 있었다 다시 새봄, 두 바퀴가 달린 의자에 도반을 앉히고 재활의 봄 속으로 힘차게 달려 나가리라

매봉산 뻐꾹새

뻑국 뻑국 뻑국
창 앞에 매달리는 뻐꾸기시계 소리
숲이 토해 내는 바람보다 먼저 내 목숨 속으로 비집고
들어와, 싱싱한 아침 알알이 깨워 놓는 숨결로
잠들었던 온몸의 군살들 꿈틀꿈틀 살아나게 했다

봄 내내 여름이 깊어지면서 온 산을 공명처럼 울리던
뻐꾸기 소리가 심상치 않다
뻑국 소리 세 번 잇지 못하고 힘없이 쉬어져,
천식 앓는 기침처럼 쿨럭인다
피가래 걸린 승냥이울음 같이 처량하다

아기 조막손만한 매봉산* 동서남북, 아파트에 둘러
싸여 사람이 뱉은 기침 때문에 숲은 더 이상 맑은 바람
고이지 않는다 산의 발등 밟힌 지 오래, 발목 삔 체 절
룩이며 언제 엉덩이 차일는지, 이미 옆구리 쌍굴 뚫어

* 도곡동에 있는 산.

놓고 출퇴근 지름길 되어 새벽이면 차 소리 오토바이 소리 호각 소리 난리 북새통이다 밤이면 요즘 새로 솟은 호화 아파트에서 쏘아 대는 번뜩이는 눈빛 때문에 숲은 조용히 꿈을 덮을 수 없다 언제부터인가 매봉산에 황금알이 묻혀 있다는 소문! 드디어 동쪽 끝에 포클레인 군단이 진주, 밤낮없이 굉음을 지르며 등허리를 파고 있다 굴밤나무 밤나무 오리나무 상수리나무 아카시아 가문비나무 소나무 몇 그루,

초록 불꽃으로 타는 숲도 뻐꾸기 한 마리 아늑하게 품어 줄 둥지는

박살났다

뻑휴 뻑휴 뻑휴

할딱거리는 뻐꾸기 가슴이 보인다

목 비틀려 눈을 감는 새 눈이 보인다

기억 저편으로 멀어져 가는 마지막 뻐꾸기 소리 찾으려 나는

내일 아침에도 그 산 숲으로 달려가리라

낯선 가을 아침은

친구 따라 강남 간다고 했든가
그곳에서 강산이 세 번이나 바뀌도록 살았으니 이젠 미련 없이
떠날 때도 됐으련만
처음엔 허허벌판 황토 진창길에 발목이 빠지곤 했지
그땐 뻐꾸기 울고 진달래 지천으로 피고 지는 동산, 양지바른 산비탈 밭두렁엔
수북수북 돋아난 쑥도 캐고, 파묻혀 가는 도랑에 올챙이 잡고, 개구리 소리 시끄러운
흙탕물에서 아이들 잘도 놀고 잘 커 줬다
강남땅은 살 만한 곳이었다

'강남 맛을 본 사람은 강남을 못 떠난다' 고들!
갑자기 집값이 천정부지로 치솟아 올랐다 돈에 실성한 사람들이 몰려와 등치고
밀치고 집 사재기를 한다니
이젠 더 이상 아파트가 들어설 곳이 없고 길은 차로 막히고 목에 피가래가 고여

숨이 막혀 억장이 무너지는 곳이라
나는 떠나려는데 발목 잡아끄는 이 족쇄는 뭔가
목 죄는 이 괴력은 또 뭔가

요리조리 피해 안전지대로 달아난다
황금의 광맥을 팽개치고
황금 보기를 돌같이 하고
철손으로 내려치듯 강남 불패, 보기 좋게 격파하고
돌멩이 하나 아낌없이 집어던지듯 떠나간다
홀가분하다 말갛게 가난해 버리는 것이

묵은 봇짐 뭉치고 고이 싸서, 짐차에 싣고 싱싱 가을이 울긋불긋 만국기처럼
도열한 산길 들길 서너 구비 돌고 돌고, 기운 좋은 산줄기 뚫은 터널 몇 개
자맥질 자맥질하며 멀리멀리 떠나온다
마른 망초 숲에 쑥부쟁이 반질반질 웃고, 코끝엔 내내 갈잎 타는 향기,

저토록 하늘이 드넓었던가 밤엔 별이 총총 내려와 시냇물에 몸 씻는다

나는 은빛 물결치는 갈대밭에 숨바꼭질하듯, 잠시 들새처럼 숨어 있으리라 그리고

이 낯선 곳에서 눈뜨는 새아침엔 참으로 맛있게 조반을 들겠다

배아胚芽를 위하여
— 손녀 민진에게

아기 손 조막손, 잼잼 짝짜꿍
귀여워라 곤지곤지
신기해라 손가락질

어느 배아 하나
내 핏줄 속을 흘러 흘러 네게로
줄기줄기 뻗어 갔는가

하늘이 한가득 내 빈 가슴을 채우더니
둥근 달 하나 내 몸속에 부풀어 올라
몰래, 줄기세포 기운차게 자라는구나
너, 나, 가 있긴 있었구나

저 손가락에 잡힌 장난감처럼
저 손바닥에 놓일 어느 세상 하나
만지고 간질이고 흔들고 뒤집어 보고, 이젠
하얀 치아로 찌긋째긋 깨물어 보고

지레 내가 먼저 설렌다
말간 네 훗날이 보인다
아득한 내 후생의 하늘이 거기 펼쳐진다

벽화 이야기

거실 벽 한켠에 커다란 벽화 하나가 붙었다
이제 겨우 일학년 아가가 그려 붙인 그림들이다
요즘 그것 보는 재미가 여간 쏠쏠치 않다
적막강산 같던 집안이 심심찮게 사분댄다

그 쪼그마한 손으로 삽시간에 그려 붙인
아롱다롱 가족들의 초상화 열두 장
하나하나 다른 표정 다른 이야기로 평온하면서도
활기찬 식구들을 묘하게 오밀조밀 배치해 놓았다

맨 한가운데는 '오즈의 마법사' 의 소녀 도로시 같은 제 자화상이 눈을 반짝이고 있다 그 옆엔 가녀린 선만으로 예쁘게 예쁘게 언니를 그려 놓았다 파랑색 머리카락의 엄마, 황금빛 머리카락의 아빠, 전혀 닮지 않은 눈과 코와, 삐뚤어진 옆얼굴 선이 피카소의 색조와 입체처럼, 창공에 빛나는 별빛같이 신비하고 진지하다 무한 공간 배경을 놓고 한 뼘 위로 할아버지 할머니 애니메이션, 이마 위에 그린 몇 개의 굵은 줄만으로도 충

분히 할아비가 되고 코 옆선의 깊게 파인 선 만으로,
빨간 곱슬머리도 영락없는 할미다 그 뒤에는 구름 탄
삼촌과 꽃을 든 새색시, 하늘에 둥둥 떠 있고 눈망울이
빙글빙글 돌아가는 안경 낀 외톨이 삼촌도 피리 하나
들고 외롭다

농부와 악기가 한 몸이 된 샤갈의 그림처럼!
보고 또 보고, 왼 종일 있어도 질리지 않는
이 괴이쩍은 벽화 앞에서 교활한 세상 사는 요령과
재치는 다 팽개쳐 버린
재미있고 소탈한 만화같이 시시때때로 변하는 놀라
운 꿈에 휘둘린다
삶이란 무엇이고 위대한 예술품이란 또 어떤 것인가
이 벽화를 바라보다가 달콤한 오수에 스르르 잠긴다

애기똥풀 꽃향기에 놀다

애봄에 갓난아기 먹고 자고, 자고 먹고
어진동이 순동이 자고 놀고 먹고 놀고
움트고 새싹 나니 꽃망울 꽃이 피고
삼신할미 신선놀음에 봄은 언제 다 갔는고

첫 만남의 낯설음도 첫술에 단맛이라니
비릿한 애기 살갗, 달곰한 젖내음 보송보송 기저귀
아, 애기똥풀 꽃향기

한마디 낱말 없이도 주고받는 옹알이
두 팔로 보듬고 가슴으로 얼싸안고 입술로 부비는
촉촉한 보드라움

등허리 힘 빠지고 낡아 가는 내 핏줄 속에
연둣빛 생기 샘물처럼 흘러 들어와 파릇파릇 풋내
돋다

젖몸살 아물고 젖꿀이 뚝뚝 떨어지는 불은 젖 한번

물리고 싶은 말랑말랑한 간지러움이
전생으로 거슬러 오르는 몇 번의 세상을 즐기고 싶은
하얀 백치가 된다

아기 부처 같은 아기를 안고 맑은 눈 가만히
들여다보노라니 그 눈동자 속에 눈부처님
가부좌하고 앉아 방긋방긋 웃고 있다

바퀴 달린 의자 · 2

타고 갈 사람 어디 있을까
밀어 줄 사람도 없어라
쓸쓸히 현관 한 귀퉁이에 빈 채
하반신의 하루 가부좌하고 앉아 있다

누구 줄 사람 없을까
쉬 찾지 못해 그냥 동구 밖
보리수나무 그늘 아래 가만히 놓아두었더니
이젠 참선하듯 고요히 정좌해 있구나

바퀴가 굴러갈 때면 아직은 바퀴살에
무지개 몇 개가 챙챙 감겨 반짝인다
손잡이도 잘 닦아 반들반들 윤이 난다
앉는 자리는 포근하고 탄탄하다

힘차게 밀고 가면 이 세상 남은 시간
어디에나 함께 갈 수 있으리라 생각했지
저 머나먼 극지의 빙하가 흐르는 바다

맑은 호수 같은 바다, 니르바나 같은!

나비가 되어 봄이 오는 꽃 나라에까지
못 다한 랑데부라도 했으련만
며칠 후
그 보리수나무 밑에는 텅 비어 있었다

어디로 갔을까
누가 밀고 갔을까
수천 바퀴 수만 바퀴 돌고 돌면
거긴 어디일까!

돌아오는 바다
— 시화호에서

슬퍼하지 말자
포기하지도 말자

무지와 염병으로 잠시 혼절했다가
죽음도 경험해야 한다면
가장 낮은 곳 서러운 뻘밭으로 고여
차라리 겨울바다로 깊이 침묵하고 있자

물과 바람과 하늘이
쉴 새 없이 입김 불어 넣어
물결 출렁이게 하고, 출렁이며 흐르게 하고
거르고 씻어 내려, 맨발 동동 구르며
사람들은 그리운 밀물을 기다린다

드디어 물풀이 눈을 뜨고
갈대가 키를 세우고
물방개가 그 사이를 떠다닐 때
개구리는 뒷발질로 뛰어오른다

어느 새 천둥오리가 알을 품고
뭇 철새가 갯벌로 모여들 때

밀물썰물로 환생하는 바다 조용히
꿈 하나 두 손 받쳐 들고 돌아오고 있다

아들, 왜가리

녀석은 날이 갈수록 온달 같다
아들이 온달이니 어미는
눈먼 온달 어미가 되어 간다
갈대밭에 왜가리처럼
겨울 나고 훌쩍 떠나가 버리니
빈 하늘 저쪽으로 고개만 쳐들고
눈 닿을 곳 없어
허공을 뜬다

나무

— 방한 엘리자베스 여왕을 위하여

성긴 가지 사이 잎사귀 틈새로
쏟아지는 뙤약볕을 가려 준다
푸석대며 일어날 사막 같은 메마른 바람을
누르며 막으며 거기 거목으로 서서
있는 힘, 힘살 있는 대로 뻗쳐
푸른 하늘 드리우고 무성한 잎새 솟구어 낸다

메타세콰이아 나무처럼 하늘로 솟아오르는 기상으로
그녀의 튼튼한 후견인으로 서서
그녀가 왜 아름다운가의 이유가 된다
때론 한 마리 쫓기는 토끼 같은
때론 승냥이에게 할퀴는 사슴 같은
애잔한 그 여자를 위해 성벽으로 버티고 서 있다
어깨에 별빛 견장과 가슴 한가득 꽃밭 같은 훈장이
그녀가 고고하고 당당한 이유의 화답이 된다

밤마다 별이 총총 내려와 불 밝히고
뭇 새 끌어안고 단잠 재우며
사철 거센 바람 속에 당당하게 서 있다

첫사랑을 찾아서
— 모교 40년사에 부쳐

저 푸른 산 구덕산 이마를 보라
그 기슭 갈맷빛 출렁이는 파도를 보라

그 목소리 듣느냐
우리들 꽃시절 푸른 숨결을
부끄러운 첫사랑의 설렘
분홍빛 약속의 말들을!

문득 그리운 젖내음 찾아
어머니 젖가슴으로 달려간다

그날 도화지 한 장에 그린 노천교실
가마니 천막으로 세상의 비바람 가리고
코스모스 흐드러진 언덕, 풍금 소리
파도쳐 오는 그 꽃길로 달려간다

길고 추었던 겨울들
시리도록 가난했던 우리 젊은 날이여!

지워도 지워지지 않는 무지갯빛 눈물이
보석처럼 더 빛나 보이는구나

여태 삭이지 못한 설움은 거두어라
네 얼굴에 여울진 강물은 늘 푸르구나
먼 바람 굽이쳐 온 길, 낙동강 하류에
깃을 털며 새 둥지에 돌아오노니

오늘 눈부신 날 골라 사랑과 슬기
꿈과 희망의 젊은 날 추억 풀어 보자
네 얼굴 닮은 꽃송이 한 아름 안고
서로 마주 보며 웃어 보자!

운명과 자유에의 길

김 재 홍
(문학평론가 · 경희대 교수)

1. 삶의 진정성과 시의 순정성

박신지 시인, 그는 시 「이사」를 발표하고 시집 『영화 밖에서 영화처럼』(시와시학), 『봄은 쟁기질을 하며 온다』(라뽀엠) 등을 펴낸 개성 있는 시인 중 한 분이다. 비교적 늦깎이로 등단하였음에도 그의 시편들은 삶의 진정성을 일깨우고 시의 순연성을 일깨우는 데 남다른 모습을 보여 준 것이 사실이기 때문이다.

"집은 몸이었다/ 몸은 집이었다// 집을 팔고 보니 몸 판 것

같아/ 스물다섯 해 지닌 몸 내 집/ 집, 내 몸// 갑자기 몸 벗어 버리고/ 사흘 밤 사흘 낮을 떨었다/ 앙상한 뼈골만 욱신욱신 쑤셔왔다// 집 날려 버린 빈 몸/ 몸 날려 버린 넋만/ 바람 빠진 풍선처럼 허공을 떠다닌다"(「이사」)라는 한 경우만 보더라도 우리는 그의 시가 지닌 진정성을 가늠해 볼 수 있다. 우리말에 '몸집'이란 말이 있지 않던가? 한 생애를 살다 보면 몸이 바로 집이고, 집이 바로 사람의 몸이라는 생각이 들 때가 있다. 마치 몸이 우리의 마음과 정신, 영혼을 담는 그릇인 것처럼 집 또한 우리의 육신인 몸을 담고 유지시켜 주고 성장, 마무리시켜 주는 소중한 공간이기에 그것은 사람의 전 생활 과정 또는 전인격의 한 상징으로서 존재하고 기능하며, 의미를 지닐 수 있기 때문이다. "집을 팔고 보니 몸을 판 것 같다"는 구절 속에는 바로 이러한 인간 존재와 삶의 환유로서 '집'의 상징성이 날카롭고 깊이 있게 투영된 것이 아닐 수 없다고 하겠다.

그가 그 어려운 전후 시절에 명문 부산여고와 서울대 법대를 졸업한 재원이면서도 한 번도 그러한 것들을 내세우거나 자랑하는 것을 필자는 본 적이 없다. 함께 시를 공부하면서 15년 이상의 세월을 함께 지내 오면서도 늘 그분은 스스로 '어리바리'를 자칭하면서 사람들에게 친화하고 교감하면서 스스로를 낮은 자지에 처함으로써 따뜻하고 부드러운 인품을 지니려고 노력해 온 것이다.

어느덧 개인사 70여 년, 지난 몇 년 사이 부군을 하늘나라로 떠나보내고, 이제 시집 『미필적 고의의 봄날은 간다』로 다시 새 출발을 시작하는 시인을 격려하는 뜻으로 간략히 새 시집의 세계를 더듬어 보기로 한다.

2. 고독과 허무 또는 시간의 존재론

이번 시집의 주요 모티브는 남편과의 사랑과 이별, 그리고 그에 따른 정신적인 후유증으로서 고통과 슬픔이라고 하겠다.

시집에는 남편의 와병과 간병 체험, 그리고 뒤이은 영원한 이별과 상실의 고통 및 후유증이 지속적으로 표출되고 있기 때문이다.

> 무심히 당신의 손목시계를 받아
> 내 손목에 걸었습니다
>
> 내 손목에 와서
> 당신의 시간이 시냇물로 흘러갑니다
>
> 째각 째각 째각
> 바람의 태엽을 감습니다
>
> 당신의 시간 속으로 바람 따라
> 내 시간의 혈류가 함께 흘러갑니다
>
> —「당신이 먼 길 떠나갈 때」 전문

'손목시계' 가 상징하는 것은 무엇일까? 한마디로 그것은 삶을 지배하는 근원적 요소로서 시간이고 그에 대한 연민과 안타까움으로서 사랑의 표상이라고 할 것이다. 인간의 삶이란 시간 속에서 태어나서 시간 위를 더불어 살아가다가 마침내 시간 밖으로 사라져 가는 것이 아니겠는가? 그러기에 남편의 손목에서 그의 삶을 이끌어 가던 시계가 다시 나의 손목으로 와서 흘러간다는 것은 이미 두 사람 사이에서 하나로 육화돼 있는 사랑을 의미하는 것이 아니고 그 무엇이겠는가? "내 손목에 와서/ 당신의 시간이 시냇물로 흘러갑니다"라는 구절 속에는 부군과 함께 보낸 시간으로서의 삶이 오늘에도 여전히 '나'의 삶을 지배하고 있음을 확인해 주고 있는 것이기 때문이다.

"째각 째각 째각/ 바람의 태엽을 감습니다// 당신의 시간 속으로 바람 따라/ 내 시간의 혈류가 함께 흘러갑니다"라는 결구 속에는 오늘에도 여전히 함께하고 있는 '그'와의 사랑을 애절하게 표출한 것이 아닐 수 없다고 하겠다. 특히 이 시에서 '시냇물' '바람의 태엽' 등의 보조 심상은 삶의 무상함을 암시하면서도 근원적인 면에서 인간 존재의 고독함과 허무함을 표상해 준다는 점에서 시적 깊이를 더해 준다. 삶의 허무함과 대비되는 사랑의 필연성과 영원성을 역설적으로 강조하고 있다는 뜻이 될 수도 있으리라.

3. 병고와 죽음에 관한 명상

이번 시집에는 육신을 지닌 인간으로서 어쩔 수 없이 겪어야만 하는 병고와 더불어 죽음에 관한 성찰이 제시돼 있어 관심을 환기한다.

사하라 모래언덕 너머 그곳엔
둥근 달 모양의 커다란 구멍이 있다
온몸이 구름처럼 가벼이 드나들 수 있게

나는 알지
잠깐 기차가 터널을 들어가자
금방 밝은 바깥으로 칙칙폭폭
급히 달려 나오듯이
숨이 목젖까지 차올라
견딜 수 없는 두려움 토해 내는 것을

그리고 보았지
피 한 방울 흘리지 않고
두개골 얇게 저며 내는
빛의 난도질을
컴퓨터단층촬영의 보이지 않는 섬광을

뼛골이 삐걱삐걱 부서진다
몸뚱이 와그르르 무너진다
뇌리 속에 박힌 저 피멍을 보아라
언제 저리도 쑥부쟁이 꽃처럼 하얗게 바래졌던가

일일구 귀곡성 울며불며,
칠흑 같은 미망을 깨우며
이승의 사람 하나 경계선을 넘어가고 있다

—「자기공명영상」 전문

인간은 육신을 지닌 존재다. 정신과 영혼의 주거로서 육신은 삶의 실체이며 본질에 해당한다. 그러나 육신은 생물학적 존재이기에 신진대사와 그에 따르는 온갖 욕망과 생로병사, 질병과 고통의 주거이기도 하다. 그만큼 육신을 지니고 살아가는 일은 힘들고 여러 가지 인간 조건을 수반하기 마련인 것이다. 무엇보다도 "뼛골이 삐걱삐걱 부서진다/ 몸뚱이 와그르르 무너진다/ 뇌리 속에 박힌 저 피멍을 보아라/ 언제 저리도 쑥부쟁이 꽃처럼 하얗게 바래졌던가// 일일구 귀곡성 울며불며,/ 칠흑 같은 미망을 깨우며/ 이승의 사람 하나 경계선을 넘어가고 있다"는 구절처럼 육신은 병고 끝에 죽음으로써 대단원의 막을 내리게 마련인 것이다.

'그분' 도 삼 년 전에 못 박혔다
가슴엔 칼로 심장을 헤집었고
콧구멍으로 산소호흡의 호스를 찌르고
양팔엔 주사 바늘로 혈관을 찾아 꽂은 지 석삼년째
마침내 옆구리를 뚫고 고무 튜브로 죽이 들어간다
눈은 허여멀거니 허공을 바라보고
그 능변의 입술은 녹슨 대문처럼 닫혀 버렸다
집동처럼 부풀은 몸뚱이, 만삭처럼 솟아오른 뱃집
팔십 평생 못 다한 일 뭐 있기에 저 편한 세상 바꾸지 못

하고
그 거추장스런 옷 갈아입지 못하는가

(골고다의 성인은 세 번 쓰러지고 무거운 십자가에 짓눌렀다 수많은 사람들의 욕설과 힐난, 조롱과 비웃음을 받으며 흙투성이 피투성이가 된 한 마리 짐승처럼 기어갔다)

공덕장엄은 어디에 있는가 그분을 향한 수많은 식솔을 위하여 오대양 육대주를
휘몰아 다녔다 원대한 포부 가슴 한가득 품고 그의 청춘과 인생은 동분서주
안일한 날보다 다사다난한 날들이었다 엄청난 가솔을, 혹은 주변의 친지와
이웃까지도 하나하나 소홀함이 없었다 아기 태어나면 돌 생일 입학 경축 시험
유학 학자금 근심걱정이며 결혼경축까지, 그러나 그분 가까이에 사람들, 진정 그를
사모하고 존경했을까 언제나 강자에겐 적이 있게 마련

('이 세상 소풍이 끝나는 날, 하늘나라로 간다' 는 어느 시인은 행복했을까)

그러나 그분은 이 세상에 소풍 온 것은 아니었다
파란만장한 그의 생애 그리 쉬 끝내 주지 않으니!

—「공덕장엄」 전문

부군의 와병과 그에 따른 간병 생활 및 그에 이어진 죽음의

이별 체험은 이번 시집의 주요 모티브로서 지속적으로 작용하고 있음을 본다. 삶이란 무엇이던가? 살기 위해 동분서주하면서 다사다난한 수많은 역경과 시련을 이겨 나아가는 고난 극복의 과정이 아니겠는가? 나아가서 일하면서 늙고 병들고 마침내 죽어 가는 것이 생생한 삶의 과정 그 아니고 무엇이겠는가 말이다.

이 점에서 산다는 것은 끊임없는 역경을 극복해 내는 과정이고 파란만장한 고투와 인고의 과정이며 죽음이 그 종착역에 해당한다고 할 수 있겠다. "그러나 그분은 이 세상에 소풍 온 것은 아니었다/ 파란만장한 그의 생애 그리 쉬 끝내 주지 않으니!"라는 결구는 살고 죽는 과정으로서 생이 그리 만만치 않은 역경과 시련의 연속이라는 점을 선명히 말해 주는 것으로 여겨진다.

그렇다! 시집에는 삶의 마지막 과정이자 최후의 종착점으로서 죽음에 관한 성찰이 제시돼 있는 것이다. 이 세상살이는 소풍 온 것이 아니라 어쩌면 고통과 시련으로서 유배 온 유형에 해당하지 않겠느냐 하는 비극적 인식이 제시돼 있는 것이다. 누구에게나 운명으로 다가올 수밖에 없는 죽음, 그것은 누구나 어쩔 수 없이 겪고 통과해야만 하는 최후의 심판이자 생의 총체적 결론에 해당한다는 뜻이다. 그러기에 살아남은 자에겐 죽음 이상의 아픔과 슬픔을 요구할 수밖에 없음이 또한 자명한 이치라 하겠다.

4. 겨울 산, 허무와 적막의 존재 표상

남편의 죽음이라는 절망스런 통과제의를 치르고 난 후 시인에게 남은 것은 과연 무엇일까? 한마디로 말해 그것은 '겨울 산'이 표상하는 어둠과 추위 또는 허무와 적막으로서 폐허의 모습이 아닐까. 그만큼 상실 체험은 시인에게 심대한 후유증을 남긴 것이다.

너 떠나 버린 텅 빈 숲엔, 타다가
타다 남은 검은 시신들이 즐비
어깨를 겯고 혹은 서로 엉키어
숨을 거두고 있다

어딘가에 숨어 버린 기운찬 초록의 육체들
그리움도 얼어붙은 나목의 숲속으로
우지직 새벽을 깨부수는 바람 소리
칼금 그어 가는 목 쉰 첼로의 현은
신음처럼 '레퀴엠'을 풀어 놓고 있다

저 능선 너머가 전생이었다면
이 결빙된 골짜기는 이승의 호된 형장이거니

사랑하였고 뜨거웠으니 폐허처럼
공허한 하늘이 얼어붙으면 달게
죽음도 달게
겨울 산은 죄 없이도 아프고 슬프다

—「겨울 산 - 북한산 일기 · 12」 전문

'너' 가 떠나고 난 뒤의 현실이란 "타다가/ 타다 남은 검은 시신들이 즐비/ 어깨를 겯고 혹은 서로 엉키어/숨을 거두고 있"는 형국으로 제시돼 있다. 또한 그 속에서의 삶이란 "그리움도 얼어붙은 나목의 숲속으로/ 우지직 새벽을 깨부수는 바람 소리/ 칼금 그어 가는 목 쉰 첼로의 현은/ 신음처럼 '레퀴엠'" 들리는 죽음 같은 우울의 모습인 것이다. 그러기에 실존의 모습은 "결빙된 골짜기는 이승의 호된 형장"으로 형상화되며, "사랑하였고 뜨거웠으니 폐허처럼/ 공허한 하늘이 얼어붙으면 달게/ 죽음도 달게"와 같은 고통스런 수락과 긍정으로 나타난다.

따라서 시는 "겨울 산은 죄 없이도 아프고 슬프다"는 결구를 통해 살아 있는 자의 아픔과 슬픔을 직설적으로 제시하여 마무리된다. 그만큼 상실 체험이 절망스러운 것이었고 고통스런 것이었기에 그것을 참고 견디고 이겨 낸다는 것이 얼마나 힘든 일인지를 알 수 있게 해준다.

그러나 주목할 것은 여기서 이러한 고통과 절망을 극복하면서 자신의 운명에 대한 슬픈 긍정과 함께 낙관적 전망이 조심스럽게 분출되고 있는 점이라고 하겠다.

> 겨울 숲에 가 보라
> 죽어 있는 것들 얼마나 아름다운가
>
> 현란하던 생명들
> 발가벗긴 채
> 유형지에 서 있다

청동 빛 얼음 성 위로
깃발 날리는 바람, 바람
갈기갈기 찢어발기며

내려친다 회초리로
운명의 길 떠난다
성자처럼!

—「겨울 숲에 - 북한산 일기 · 7」 전문

바로 이처럼 비록 겨울 산, 겨울 숲은 절망 속 부활의 모습이지만 그것이 그대로 죽어 버린 것이 아니라 새로운 부활에 대한 예감을 지니고 있는 것이기에 새롭게 "깃발 날리는 바람, 바람"이 되어 "운명의 길 떠난다/ 성자처럼!"과 같이 부활과 소생에 대한 갈망과 염원을 내포하면서 새로운 출발을 예감하고 예비해 가는 것이다.

5. 운명과 자유에의 길

이 지점에서 시인은 인간의 본질로서 구속과 해방이라는 운명과 자유를 향한 길을 발견하게 된다. 삶이란, 목숨이란 하나의 운명에 속한 것이고 그것을 쉬 벗어날 수 없는 것이지만 그것을 떨쳐 버리고 해방과 자유를 향한 길로 나아감으로써 참다운 삶의 길, 바람직한 자아실현으로 나아갈 수 있다는 깨달음을 얻게 되는 것이다.

수천 명의 죄수들 머리 위로 갑자기
'피가로의 결혼' 중 아리아 하나가
일제히 메가폰을 향하여 고개를 돌린다

- 누구야, 음악을 트는 놈이! -
그러나 죄수들은 아무도 그 목소리에 아랑곳하지 않는다
생전에 들어 본 적도 없는
모차르트의 음악에 귀를 기울일 뿐이다

감옥 한가운데를 가르는
맑은 바람 한 줄기
아무도 막을 수 없는 바람

저 바람의 자유를!

—「그 순간 - 쇼생크의 탈출」 전문

그렇다! 어찌 생각해 보면 현실이란, 아니 삶이란 하나의 감옥, 또는 수용소 같은 것이고 그 속에서의 삶이란 죄수의 모습이라고 비유해 볼 수 있다. 거기서 인간해방, 참다운 자아실현의 길로 나아갈 수 있는 것은 자유에의 길, 창조적인 예술에의 길로 나아가는 것밖엔 없을 것이다. 그러한 자유와 창조에의 길로 나아감으로써 비로소 삶은 운명과 자유의 주체로서 자아 확립과 주체성의 실현, 그리고 진정한 인간해방의 길로 나아갈 수 있기 때문이다. "아무도 막을 수 없는 바람// 저 바람의 자유를!"이라는 결구 속에는 바로 이러한 창조와 자유에 대한 갈망과 절규가 담겨 있다고 할 수 있으리라.

태산이 있다 하되 보이지 않더라
태산을 밟고도 태산이 없더라
태산은 높다 하되 사람으로 가려져 있더라

내 몸에 감겨 있는 오랏줄 풀어 버리고
봉래, 금강 오르는 길목 태산에 오른다
횃불 뭉치처럼 자욱한 분향에 쌓인 옥황정

전족 노파의 양 겨드랑이엔 힘센 여인들 고이고
칠천 계단 오르고 또 오르니
그 간절한 기도 어느 하늘까지 닿을까

구름과 안개 피워 길 지우고 다시 지우고
천년의 바람 겹겹이 빗금만 새겨 놓은
무자비無字碑 힐끗 징표 하나 보고 돌아왔다

태산은 언제나 거기 있더라
태산은 내 마음속에 있어라

—「보이지 않는 산 - 태산泰山에서」 전문

그렇지만 육신이 현실의 감옥, 번뇌의 감옥에서 풀려난다고 해서 그것이 진정한 인간해방이고 자유에의 길일 것인가? 아니다! 여기서 한 걸음 더 나아가서 참다운 자유란 바로 정신의 해방, 마음의 해방에 놓이는 것이다. 바로 여행을 통해 마침내 도달하게 된 "태산은 언제나 거기 있더라/ 태산은 내 마음속에 있어라"라는 이 시의 결구에서처럼 진정한 인간해방과 참자유의 길이 마음의 깨침, 정신의 해탈에 놓이는 것이라는 깨달음과 확신이 담겨 있다고 하겠다.

6. 부활과 새 출발을 향하여

바로 이 시점에서 시인은 새로운 소생의 세계, 재생의 길을 발견하고 부활로 나아가게 된다. 그것은 자신의 생명 속에서 '봄' 을 발견하는 일이고, '아가' 의 발견으로 생명의 기쁨으로 나아가는 길이라고 하겠다.

발정 난 봄 물결이 강을 덮치고 있다

첨벙 첨벙 첨벙
강물이 키워 낸 수초가 찰랑대며
붕어 떼 쌍쌍이 요동을 친다

말뚝잠 자던 등 푸른 새벽이
치맛자락 걷어 올려 하얀 정강이 내놓고 소란
소란하다

살 오른 잉어 떼 물 밖인지 물속인지도 모르고
초록 비늘 번뜩인다
물비린내 진동을 한다

힘센 장정의 팔뚝 꽉 베어 물고

봄 사랑 막무가내로 솟구친다

—「봄 강은 등 푸른 새벽처럼」 전문

시집 곳곳에서는 겨울 산의 추위와 어둠 속에서 새봄과 그 생명감을 갈망하고 염원하는 모습이 함께 발견됨으로써 죽음과 부활, 또는 이별과 새로운 만남이라는 생의 영원한 이원론적 명제가 지속적으로 표출되고 있음을 확인할 수 있다.

이 시에서도 그렇지 않은가? "발정 난 봄 물결이 강을 덮치고 있다", "물비린내 진동을 한다// 힘센 장정의 팔뚝 꽉 베어물고/ 봄 사랑 막무가내로 솟구친다"는 구절과 같이 새봄의 생명력이 새롭게 굽이치고 있는 것이다. 이러한 부활과 재생, 생명력의 갈망이 바로 '아가'에 대한 기룸과 새 생명에 대한 찬탄으로 제시된다.

아기 손 조막손, 잼잼 짝짜꿍
귀여워라 곤지곤지
신기해라 손가락질

어느 배아 하나
내 핏줄 속을 흘러 흘러 네게로
줄기줄기 뻗어 갔는가

하늘이 한가득 내 빈 가슴을 채우더니
둥근 달 하나 내 몸속에 부풀어 올라
몰래, 줄기세포 기운차게 자라는구나
너, 나, 가 있긴 있었구나

저 손가락에 잡힌 장난감처럼
저 손바닥에 놓일 어느 세상 하나
만지고 간질이고 흔들고 뒤집어 보고, 이젠
하얀 치아로 찌긋째긋 깨물어 보고

지레 내가 먼저 설렌다
말간 네 훗날이 보인다
아득한 내 후생의 하늘이 거기 펼쳐진다

—「배아胚芽를 위하여 - 손녀 민진에게」 전문

남편의 죽음과 함께 아가의 탄생과 성장 속에서 시인은 생명의 원리와 삶의 법칙을 새롭게 깨닫게 되는 것이다. "어느 배아 하나/ 내 핏줄 속을 흘러 흘러 네게로/ 줄기줄기 뻗어 갔는가// 하늘이 한가득 내 빈 가슴을 채우더니/ 둥근 달 하나 내 몸속에 부풀어 올라/ 몰래, 줄기세포 기운차게 자라는구나"라는 구절 속에는 바로 이러한 소멸과 생성 또는 이별과 만남이라는 생의 원리, 목숨의 법칙에 대한 새로운 깨침과 함께 생의 지속과 변화 속에서 순간과 영원을 살아갈 수밖에 없는 대자연의 섭리를 확인하게 되는 것이다.

실상 "지레 내가 먼저 설렌다/ 말간 네 훗날이 보인다/ 아득한 내 후생의 하늘이 거기 펼쳐진다"는 이 시의 결구에는 바로 이러한 생성과 소멸, 만남과 헤어짐, 기쁨과 슬픔이라는 대자연의 순환원리와 생명의 법칙이 날카롭고 섬세하게 투영돼 있다고 하겠다.

7. 맺음말

그렇다! 박신지 시인의 시는 죽음을 통과하면서 새로운 자아의 재생을 염원하는 시이고, 손자들의 새 생명을 체감함으로써 생명의 부활을 염원하고 갈망하는 시이다. 그래서 그런지 겨울 깊은 백설난만 산골짜기에 새봄이 움터 오는 소리가 한 편의 시로 메아리쳐 온다.

빛 부신 백화 만발한데
얼음 우는 소리 쩌렁쩌렁
깊이 잠든 겨울 골짜기 뒤흔든다
흰 고깔에 가려진 볼 고운
비구니
수심가 자진모리 한 가닥
천만근 적멸을 깨운다

—「겨울 산사 - 북한산 일기 · 10」 전문

이 점에서 우리는 그의 요즘 시들을 부활의 시, 재생의 시라 할 수 있고, 이번 시집은 새로운 출발을 향한 하나의 시금석이자 노둣돌이라고 할 수 있겠다.

시인의 힘찬 부활과 신생을 축하하면서 정진을 기대한다. 이제 입춘이 지나고 새봄, 박신지 시인에게도 미필적 고의의 봄날은 꽃피어 오리라.

시인 박신지

본명 박영자朴榮子
부산 출생
부산여고 졸업
서울대 법대 졸업
시집 『영화 밖에서 영화처럼』(1995)
『봄은 쟁기질을 하며 온다』(2002)가 있음
현재 '시와시학회' 회원

미필적 고의의 봄날은 간다

지은이 | 박신지
펴낸이 | 설보혜
펴낸곳 | Poetics 시학
1판1쇄 | 2010년 2월 20일
출판등록 | 2003년 4월 3일
주소 | 서울 종로구 명륜동1가 42
전화 | 744-0110
FAX | 3672-2674

값 8,000원

ISBN 978-89-91914-89-6 03810